Side lieben lernen

Der perfekte Reiseführer für einen unvergesslichen Aufenthalt an der Türkischen Riviera - inkl. Insider-Tipps

Sonja Hartel

INHALT

Vorwort: Das erwartet Sie in diesem Buch

In diesem Buch erwartet Sie eine Reise durch eine der berühmtesten und schönsten Städte der Türkei: Side! Zwischen glitzerndem Meer, dem Taurusgebirge, hellen Lichtern und tausend leuchtenden Farben lebt Side. Die Stadt zeichnet sich vor allem durch ihre Ruinen aus, die zwischen modernen Gebäuden einen unvergesslichen Eindruck hinterlassen. In der antiken Stadt können Sie viele Attraktionen erleben und sich auf eine Abenteuerreise einlassen. Ob Tauchen, Boot fahren oder in das Antike Museum gehen:

Es ist für jeden ein toller Ausflug dabei! Nach so viel Action ist natürlich auch für Erholung gesorgt. In Side haben Sie eine großartige Auswahl an verschiedenen

Restaurants, Cafés und Bars. Hier können Sie entscheiden, ob Sie eher traditionell oder europäisch essen wollen, und natürlich ist auch für tolle Cocktails gesorgt, aber vor allem ist für jeden etwas Leckeres dabei. Wenn Sie sich dazu entscheiden, in einem Hotel zu übernachten, haben Sie auch hierbei eine großzügige Auswahl. Hier gilt vor allem eins: Luxus muss nicht teuer sein! In Side finden Sie die schönsten Hotels zu den besten Preisen. Und nicht nur die Hotels versprechen Großes für den kleinen Preis, auch das Leben in Side ist sehr günstig. Auf dem Markt können Sie günstig shoppen gehen und sich von verschiedenen Gewürzen, Klamotten und Silber-Schmuck verführen lassen. Die Stadt lässt für Sie keinen Wunsch offen!

Lassen Sie sich ein auf die türkische Gastfreundschaft und die Offenheit der Menschen um Sie herum. Genießen Sie ein unvergessliches Abenteuer zwischen moderner und antiker Welt, traditionellem Essen, neuen Eindrücken, wunderschönen Hotels und vielen Ausflügen, die Sie erleben werden.

Zwischen antiker und moderner Welt

Der beliebte Urlaubsort Side liegt an der türkischen Riviera im Bezirk von Manavgat an der türkischen Provinz von Antalya. Die Stadt verzaubert ihre Gäste jedes Jahr mit langen Sandstränden und dem weiten Ausblick auf das Taurusgebirge, antiken Ruinen, modernen Hotels, Restaurants und Bars sowie vielen

Geschäften, die zum Bummeln und Handeln einladen. Der Geruch von Gewürzen, der durch die Straßen zieht, die vielen Farben und tollen Lichter ziehen Sie sofort in den Bann der tollen Hafenstadt. Side ist der Ort, wo antike und moderne Welt aufeinanderstoßen und einen unvergesslichen Kontrast schaffen.

Besonders ist hierbei die dörfliche Anziehungskraft der Stadt, welche sich mit den neuen modernen Geschäften und großen Gebäuden vermischt. Sie werden sich sofort willkommen fühlen durch die türkische Gastfreundschaft, die ausgezeichnete Sauberkeit und die magische Atmosphäre, die Sie in ein ganz neues Abenteuer hineinwirft. Umgeben von leichter orientalischer Musik und dem zarten Geruch von Meeresluft, der in Ihrer Nase kitzeln wird, werden Sie die Türkei in Side völlig neu erleben. Lassen Sie Ihre Seele im glitzernden Meereswasser baumeln und genießen Sie die Farben der Stadt, die wie ein wunderschönes Gemälde auf Sie wirken.

Fühlen Sie das frische Wasser des Mittelmeers auf Ihrer Haut und beobachten Sie die Schönheit der Naturlandschaft, die um Sie herum liegt. Zwischen heißer Sonne und frischem Wind, der Ihnen durch die Haare ziehen wird, werden Sie in die Magie von Side verfallen. Feiner Sandstrand, der an Ihren Füßen kitzelt, und süßes Vogelzwitschern mit dem Rauschen des Meeres im Ohr werden Sie verzaubern.

Verlieben Sie sich in die verschiedenen Fassaden der türkischen Kultur. Ob leckeres Essen oder tolle Musik, die Stadt wird Sie mit all ihren Angeboten verführen. Lassen Sie sich fallen in eine Stadt, in der Sie zwischen Gegenwart und Vergangenheit schweben, und beginnen Sie, zu träumen. Ob als Pärchen, mit der Familie, als Single mit oder ohne Kind, Side ist für alle geeignet.

Besonders für Familien ist die Stadt super geeignet, da es viele Spielmöglichkeiten für die Kinder gibt. Aber auch als Single können Sie Ihre Zeit lange in der magischen Stadt verbringen und sich von tollen Eindrücken beeindrucken lassen.

Zwischen Ruinen und Geschichte

D ie antike Hafenstadt liegt ca. 70 km von Antalya entfernt. Die Stadt wurde vor über 2500 Jahren von den Griechen gegründet und gehörte damals zur antiken Landschaft Pamphylien und war eine Halbinsel. Sie war die wichtigste Stadt im gesamten Raum des Mittelmeers und gehört damit zu einer der ältesten Städte an der türkischen Südküste.

Im römischen Kaiserreich zwischen dem 2. und 3. Jahrhundert nach Christus war Side eine der wichtigsten Hafenstädte, da der Hafen für den Handel und die Kommunikation nötig war, zudem war er zu Kriegszeiten auch für die Kriegsmarine gebräuchlich.

Weitere Gebäude, die Sie heute als Ruinen bestaunen können, entstanden zwischen dem 5. und 6. Jahrhundert. Im 10. Jahrhundert wurde die Stadt verlassen und bis zum

12. Jahrhundert fast vollständig zerstört, da ein Erdbeben wütete. Erst im Jahre 1895 wurde die Stadt erneut mithilfe türkischer Flüchtlinge aus Kreta aufgebaut. Seit 1947 wurden immer mehr Ruinen aus den Sandgruben herausgehoben und neu errichtet, sodass eine antike Stadt entstehen konnte. Im 1. Jahrhundert wurde Side nach ihrem neuen Aufbau zu einem wichtigen Sklavenmarkt, dies nahm nach Poppeius, die Stadt übernahm jedoch zu Ende und die Einnahmen durch den Sklavenmarkt gingen verloren . In der Mitte des 3. Jahrhunderts blühte die Stadt immer mehr auf und erlebte zu der Zeit besten Wohlstand. Der

Wohlstand ist bis heute noch durch die gebauten Bauten, Tempel und Prachtstraßen zu erkennen. Nachdem das Römische Reich seinen Niedergang erlebt hatte, ging auch die Stadt Side mit ihrem Wohlstand zurück. Dabei wurde ein Großteil der Stadt aufgegeben. Erst zwischen dem 5. und 6. Jahrhundert siedelten sich

Menschen wieder in der Stadt an, bauten die Stadt erneut auf und befreiten die Ruinen aus ihren Sandgruben.

Heutzutage ist die Stadt sogar unter der Erde anzusehen, da in Side an einigen Stellen Glasböden ausgelegt sind. Darunter sind Ruinen zu sehen, die nicht ausgegraben worden sind. Der Blick unter die Glasböden ist total spannend und wirklich aufregend. So nah an der Geschichte dran zu sein, ist unglaublich spektakulär.

Side war anfangs nur ein geheimer Ort, da er immer mehr an Schönheit gewann. Die Einheimischen wollten die Stadt deshalb geheim halten, da Side einen wunderschönen Charme gewann. Die Angst bestand, dass durch Tourismus die Schönheit verloren gehen könnte, jedoch wurde die

Schönheit der Stadt nur noch schöner als zuvor . Durch die umliegenden Touristengebiete wurde die Stadt schnell durch tolle Restaurants und moderne Geschäfte zu einem der angesagtesten Orte rund um Antalya.

Tipp: In Side werden Sie ein großes Symbol eines Granatapfels (türkisch: Nar) sehen. Dieses Symbol ist nicht nur ein schöner Hintergrund für Fotos, sondern hat auch eine tolle Bedeutung.

Der Granatapfel stammt aus der Geschichte der Fruchtbarkeitsgöttin „Side", die sich nach ihrem Tod in einen Granatapfelbaum verwandelt haben soll. Demnach steht der Granatapfel für Fruchtbarkeit, Geburt und Weiblichkeit. Die Geschichte stammt aus einer verbreiteten Legende und besagt, dass die Göttin Side bei einem Spaziergang mit ihrer Tochter entlang des Manavgat-Flusses an einem Baum einen Ast abgerissen hatte, der dann angefangen hatte, zu bluten.

Der Baum war nämlich kein wirklicher Baum, sondern eine Nymphe, die sich als Baum getarnt hatte, um vor bösen Menschen sicher zu sein. Bei dem Versuch, zu flüchten, scheitert die Nymphe, da sie im Boden stecken bleibt. Über ihren Körper hinweg wächst eine dünne Schicht Rinde hinauf und sie wird erneut zum Baum.

Die Göttin Side hat ein schlechtes Gewissen wegen ihrer Tat und entscheidet sich daraufhin, auch ein Teil der Natur zu werden, um ein Symbol der Fruchtbarkeit und des Lebens zu sein. Sie bat ihre Tochter, immer unter ihrem Schatten zu spielen und keinem Baum Schaden zuzufügen, da jeder Baum eine Blume Gottes sein könnte. Zudem sagte sie, dass ihre Früchte blutfarbig sein sollten, so, wie die Farbe eines Granatapfels. Seitdem breiteten sich laut der Legende Granatapfelbäume über die gesamte Halbinsel aus. Somit wurde der Granatapfel eines der wichtigsten Symbole der Stadt Side.

Side erleben und fühlen

Das Wichtigste, was Side natürlich ausmacht, sind die beeindruckenden Ruinen. Anzusehen sind die Ruinen entweder auf einem ruhigen Spaziergang oder auf einer kleinen Busfahrt. Der erste Teil der Ruinen befindet sich sofort am Eingang eines Tores. Das Tor „Vespasianus Aniti" werden Sie bei der Einfahrt in die antike Stadt sofort bemerken. Das Tor ist ein toller Ort, um ein antikes Erinnerungsfoto schießen zu können. Weiter geht es mit dem „De-vlet Agorasi", einem antiken Marktplatz, welcher umgeben von Säulengängen ist. Dicht daneben erwartet Sie der „Tyche Tapinagi", der ehemalige kulturelle und geschäftliche Mittelpunkt der Stadt, welcher auch als Schmuckstück bezeichnet wird.

Auch hier ist der Ort durch mehrere Säulen ausgezeichnet. Weiter geht es mit dem römischen Theater, welches Sie von außen bestaunen können. Das Theater bot 10.000 Sitzplätze an und wurde für Tier- und Gladiatorenkämpfe genutzt. Wenn Sie sich das Theater näher ansehen möchten, müssen Sie 5 € Eintritt zahlen. Das Theater wird bei Ihnen einen bleibenden Eindruck hinterlassen, durch die Größe und die wunderschöne, beeindruckende Architektur. Auch das Museum von Side lädt zum Bestaunen von verschiedenen Ausgrabungsfunden ein, bis hin zu schönen Statuen, Skulpturen, Fresken, Grabstätten, Skeletten, Münzen, Waffen und wertvollem Schmuck. Die Statuen werden Ihnen mit Herkules und Hermes die damalige Kunst der Bildhauerei zeigen. Die

Statue der Damen „Die drei Grazien" ist besonders schön anzusehen.

Das Museum selbst ist in einem alten römischen Bad untergebracht. Badehäuser gehörten nämlich zu den wichtigsten Einrichtungen einer römischen Stadt. Das Badehaus wurde ungefähr im 2. Jahrhundert gebaut. In den 1960er Jahren wurde aus dem Bad dann ein Museum. Die finale Eröffnung folgte dann letztendlich 1962. Wenn Sie in das Museum hereintreten, erwarten Sie sofort 5 Räume mit antiken Ausgrabungen. All diese erstaunlichen Ausgrabungsfunde stammen aus dem 4. Jahrhundert.

Das Museum besitzt einen großen Garten, in welchem Sie zahlreiche Gräber und Sarkophage bestaunen können. Auf den Grabsteinen können Sie sich sogar mittelalterliche Grabinschriften ansehen. Sogar Särge aus Marmor, die aus der römischen Zeit stammen, können Sie hier betrachten. Wenn Sie mehr über all die Dinge wissen wollen, die Sie zu sehen bekommen, können Sie sich einer Führung anschließen. Dabei wird Ihnen dann alles Wissenswerte erklärt und vorgestellt. Hier bezahlen Sie für den Eintritt 30 Lira, also knapp 3 €. Besonders geeignet ist ein Besuch in den Vormittags-Stunden. Wenn Sie daraufhin ein bisschen tiefer in die Stadt hineingehen, werden Sie eine Brücke entdecken, mit einem wunderschönen Ausblick auf tiefblaues Wasser, welches zum Träumen einlädt. Die „Aspendosbrücke" begeistert noch heute ihre Besucher und stammt aus der spätrömischen Zeit. Zuletzt folgt wohl eines der populärsten Wahrzeichen der Türkei: Der „Apollon-Tempel". Der römische Tempel entstand um 150 nach Christus während der Pax-Romana-Ära, die im Römischen Reich eine Zeit des Friedens war. Der Tempel selbst ist jedoch an Apollo, dem römischen Gott der Musik, der Harmonie und des Lichts gewidmet.

Zwischen den fünf hohen Säulen ist es besonders schön und atemberaubend, bei Sonnenuntergang Erinnerungsfotos zu schießen, da die Säulen von unten mit Licht angestrahlt werden. Dieser Blick ist atemberaubend schön! Wenn Sie genug von den Ruinen haben und weiter in die Stadt hineingehen, kommen Sie zur Altstadt von Side, hier lebt das Leben. Zwischen Lädchen mit Kleidung, Souvenirs, Gewürzen, Schmuck und Leder sowie vielen Restaurants und Bars ist alles dabei, was Ihr Herz begehrt.

Haben Sie Lust, sich mehr mit der Religion des Landes auseinanderzusetzen? Gegenüber vom Samstagmarkt steht die große Moschee „Fatith". Sie können sich die wunderschöne Architektur der Moschee ansehen und bestaunen. Wenn Sie bereit sind, mehr über die Religion des Landes, den Islam, zu erfahren, dann können Sie samstags an Einführungsvorträgen über den Islam teilnehmen. Das Thema dieser Vorträge ist immer „Der Islam und das Gebet". Um 12 Uhr, eine Stunde vor dem Mittagsgebet, treffen sich alle vor der Bibliothek der Moschee, um von dort aus in die Moschee hineinzugehen, um sich den Vortrag anhören zu können. Hierbei können Sie viel Wissenswertes über den Islam lernen und die Religion aus einem neuen Blickwinkel kennenlernen. Außer samstags können Sie sonst immer in die Moschee hinein und die wunderschöne Einrichtung betrachten und auf sich wirken lassen.

Tipp: In einer Moschee sind Schuhe nicht gestattet. Ihre Schuhe müssen Sie demnach vor dem Eingang ausziehen. Frauen werden oftmals darum gebeten, sich ein Kopftuch um die Haare zu binden, bevor sie die Moschee betreten. Für Männer und Frauen gilt das Bedecken von Schultern, Armen und Beinen. Einige Regeln können von Moschee zu Moschee abweichen. Um sich aber über alle Verhaltensregeln sicher zu sein, hängt vor jeder Moschee ein Zettel, auf dem in verschiedenen Sprachen alle Verhaltensweisen aufgezählt werden, sodass Sie nichts falsch machen können.

Was Klamotten angeht, hat Side einiges zu bieten. Am bekanntesten ist die riesige Auswahl an gefälschten Markenklamotten. Hier finden Sie alles, was Ihr Herz begehrt! Ob Nike, Adidas, Tommy Hilfiger oder doch Calvin Klein – alles ist dabei. Zudem sind alle Textilien in allen möglichen Farben verfügbar. Und nicht nur die Klamotten sind mit Marken versehen, auch an Schuhen, Taschen, Schals und unterschiedlichsten Kopfbedeckungen ist alles dabei. Die Auswahl ist so riesig, dass es beinahe unmöglich erscheint, sich zwischen tollen Farben, angesagten Marken und günstigen Preisen für ein Teil zu entscheiden. Denken Sie bei einem ausgiebigen Shoppingtrip aber immer daran, nicht allzu viel einzukaufen, da dies bei der Heimreise zu Problemen führen könnte. Ihr Koffer könnte plötzlich zu schwer sein oder Sie könnten in Deutschland am Flughafen von einem Zollbeamten aufgehalten werden. Wer Pech hat, dessen Klamotten werden leider verzollt.

Doch nicht nur Klamotten, Sonnenbrillen oder Uhren sind beliebt. Einige Reiseveranstalter bieten Ihnen „Bildungsreisen" oder „Kulturreisen" an, auf denen Sie sich traditionelle Teppiche ansehen können. Als Tourist müssen Sie hier aber besonders aufpassen. Sie können dabei zusehen, wie der Teppich geknüpft wird, um sich von der Qualität und Handarbeit zu überzeugen. Die Teppiche sind zwar handgemacht, aus Wolle und Seide, jedoch stimmt die Qualität nicht immer. Zudem werden Sie oft zum Kauf gedrängt, obwohl Sie kein Interesse an einem Teppich haben. Hier sollten Sie in jedem Fall aufpassen, bevor Sie einen

Teppichkauf bereuen! Dasselbe gilt für die Leder- und Schmuckfabriken.

Die Ware wird Ihnen zu überteuerten Preisen angeboten und ist oftmals von nicht allzu guter Qualität. Ein Umtausch ist nach dem Kauf auch kaum mehr möglich, also informieren Sie sich gut, bevor Sie sich dazu entscheiden, etwas aus einer Fabrik zu kaufen. Wenn es um Schmuck geht, kaufen Sie lieber Gold und Silber bei einem Juwelier in der Altstadt. Die Juweliere haben hier immer ein Zertifikat, welches die gute Qualität bezeugt. Der Schmuckpreis wird nach dem aktuellen Wert von Gold berechnet.

Bei einem Juwelier können Sie dann speziellen Schmuck anfertigen und Ringe gravieren lassen. Viele Touristen lassen hier ihre Trauringe machen, da dies preisgünstiger als in Deutschland ist. Empfehlenswert ist der Laden „Juwelier Brillant". Der Laden liegt an der Hauptstraße von Side Richtung Hafen. Die meisten Schmuckstücke sind hier handgemacht und sprechen von hoher Qualität. Alle Schmuckstücke sind immer hochmodern

und von tollen Marken. Schöne qualitative Trauringe bekommen Sie hier schon für 300 €.

Tipp: Bei Schmuck, Gold und Teppichen gelten
bei der Einreise nach Deutschland besondere Regeln. Diese Dinge sind bei Ankunft in Deutschland
nämlich zur verzollen. Wenn Sie den Wert von
über 430 € überschreiten, müssen Ihre erworbe-
nen Sachen verzollt werden. Alles, was darunter-
liegt, muss nicht verzollt werden.

Falls Sie sich für Zigaretten und Alkohol interes-
sieren, sind Sie auch hier preisgünstig dabei. Zigaretten sind in der Türkei bis zu 50 % günstiger als
in Deutschland. Eine Schachtel kostet demnach 1-
2 €. Eine große Flasche Alkohol kostet ungefähr 2-
3 €. Bei der Einreise nach Deutschland dürfen Sie
1 Liter Alkohol mitbringen und 600 Zigaretten.

Wenn Sie Lust auf eine kleine Veränderung
haben, können Sie in Side sogar zu günstigen Preisen ins Tattoo- oder Piercing-Studio oder zum Fri-
seur gehen. Tattoos und Piercings werden meist
einen Tag vor der Abreise gemacht, damit sie

nicht der direkten Sonnenstrahlung und Meerwasser ausgesetzt sind. Die Preise schweifen hier sehr ab, da die Größe und das Motiv eine Rolle spielen. Piercings hingegen kosten zwischen 10-40 €, was natürlich auch abhängig davon ist, wo Sie sich Ihr Piercing stechen lassen möchten. Bei einem Friseurbesuch ist natürlich auch alles möglich, was Sie sich wünschen. Ob Färben, Extensions oder sogar ein Permanent-Make-up – alles ist möglich.

Auch hier variieren die Preise je nach gefragter Leistung, ungefähr ist aber mit einem Preis zwischen 5-80 € zu rechnen. Was die Qualität angeht, müssen Sie sich keine Sorgen machen. Die Friseure arbeiten mit hochwertigen Produkten und achten genau darauf, ihren individuellen Wunsch umzusetzen. In Side ist es zudem möglich, dass Sie sich Maniküre und Pediküre machen lassen. Wer Lust hat und mutig ist, kann auch das sogenannte Fisch-Spa bei sich machen lassen. Hierbei werden Saugbarbe, auch Doktorfische genannt, eingesetzt, die ihre Hornhaut von den Füßen wegfressen. Dieser Prozess tut nicht weh, sondern kitzelt nur ein wenig an den Füßen und ist sonst ziemlich witzig, aber vor allem hält er das, was er verspricht. Nach der Behandlung werden sich Ihre Füße weich und sanft anfühlen und zudem wird die Durchblutung angeregt.

Wer im Urlaub so viel Action erlebt, braucht natürlich auch viel Erholung. In Side haben Sie von Wellness-Angeboten mehr als nur genug. Beispielsweise können Sie sich im „Q Spa & Wellness" verwöhnen lassen. Sie können sich entscheiden zwischen einem klassischen Hamam, welches ein Dampfbad mit Massage ist, oder einem türkischen Bad. In einem türkischen Bad können Sie vor allem die tolle Architektur und Einrichtung genießen. Um Sie herum ist beinahe alles aus feinstem Marmor, handgemachten Steinbänken und goldenen Wasserhähnen. Prachtvolle Farben und tolle Lichter werden Sie in eine völlig neue Welt der Entspannung verführen. Wenn Sie sich dazu noch für eine Massage entscheiden, werden Sie mit heißen Steinen verwöhnt. Die Steine werden leicht erhitzt auf Ihren Rücken gegeben. Das Ganze soll entspannend wirken und Schadstoffe vom Körper abtransportieren. Zudem wird die Durchblutung angeregt, um die Zellen in Ihrem Körper zu erneuern. Durch die Wärme, die die Steine abgeben, werden Verspannungen gelöst und die Muskulatur wird gelockert. Pflegendes Hautöl wird bei der Behandlung verwendet, durch die Wärme werden die Poren in der Haut geöffnet und das Öl kann perfekt ihre Haut pflegen, sodass sie sich geschmeidig und sanft anfühlen wird. Die Massage hilft Ihnen besonders bei Stress oder Verspannungen. Die Kosten liegen hier bei 30-50 €, je nach gewünschter Leistung.

Wer gerne wandern geht und nach einem tollen Ort sucht, um seine neuen Wanderschuhe so richtig auszuprobieren, ist auf einer großen Tour durch das Taurusgebirge genau richtig. Hierbei kommt es vor allem darauf an, wie viel Sie geplant haben, sich anzusehen, denn eine große Tour kann länger als einen Tag dauern. Sie können während Ihrer Bergtour sogar eine Jeep-Safari durch die Berge starten. Im Taurusgebirge haben Sie zudem die Möglichkeit, zu klettern und zu paragliden. Wenn Sie auf Ihrem Wanderweg im

Hinterland von Side ankommen, werden Sie im Bergdorf Ormana landen. Durch das tolle Essen und wunderschöne Wildpferde gehört dieser Ort zu einem der beliebtesten für Wanderer auf dieser Strecke. Die beste Jahreszeit zum Wandern ist der Monat März, da es hier noch nicht zu heiß, aber auch nicht zu kalt ist.

Am Yachthafen finden Sie tolle Fischrestaurants sowie einen tollen Fotospot, da im Hintergrund oft luxuriöse Yachten zu beobachten sind, die zum Staunen einladen. Der Fischhandel ist vor allem in der Türkei sehr wichtig und führt auf eine Jahrhunderte alte Tradition zurück. Das Meer in der Türkei verfügt über eine riesige Auswahl, was verschiedene Fische angeht. Die bekanntesten Fische sind hier Rotbrassen, Goldbrassen, Ringelbrassen, Drachenköpfe, Wolfsbarsch, die Makrele, der Schellfisch und Stöker. Der beste Monat für das Fischgewerbe ist der September, da die Fische vom Schwarzen Meer in wärmere Gewässer wandern, diese Zeit zieht sich bis April. Fischer und Angler können sich hier also auf eine besondere Auswahl an tollen Fischarten freuen.

Tipp: Das Angeln ist in der Türkei ohne Genehmigung erlaubt! Wer also gerne angelt, ist hier genau richtig! Und bei ein bisschen Glück können Sie sogar einen richtig großen Fisch fangen und ein tolles Erinnerungsfoto schießen. Geangelt wird natürlich außerhalb der Touristengebiete, um die Touristen nicht zu stören.

Wer Lust auf eine Bootstour hat, kann diese einfach vor Ort buchen und sofort antreten. Eine der beliebtesten Reisen ist die zur versunkenen Stadt Simena. Die Stadt ist 2400 Jahre alt und kam nach einem schweren Erdbeben wieder hoch. Einige Überreste werden Sie auf jeden Fall bestaunen können. Weiter geht die Tour Richtung Kekova und des Fischerdorfs Kaleköy. Die versunkene Stadt liegt hier zwischen den beiden Orten und der Insel Kekova.

Abseits von der Altstadt findet jeden Samstag in Side der große Wochenmarkt statt, auf dem Sie alles an Kleidung, Schmuck sowie Gewürzen und Lebensmitteln kaufen können. Die Dolmus-Busse fahren Sie von verschiedenen Haltestellen sofort

zu dem Markt. Handeln ist hier auf jeden Fall er-
wünscht!

Auf dem Markt werden Sie oft Stände mit Par-
füm bemerken. Hier werden Ihnen die tollsten
Markenparfums zu verführerischen Preisen vorgestellt. Jedoch müssen Sie hier besonders aufpassen, bevor Sie ein Parfum kaufen. Die meisten Parfums, die auf dem Markt verkauft werden, sind ge-
fälscht. Die Parfums sind zur Hälfte mit Wasser
gefüllt und haben aus dem Grund nicht die ge-
wünschte Qualität, die ein richtiges Markenpar-
fum erfüllen würde. Falls Sie dennoch in der Türkei ein tolles Parfum kaufen möchten, empfiehlt es
sich, am Flughafen im Duty-free-Shop zu stöbern.
Falls Sie von Side aus mit dem Dolmus nach Manavgat fahren, werden Sie auch hier tolle, seriöse
Parfumläden finden, in denen Sie hochwertige
Düfte zu tollen Preisen kaufen können. Empfehlenswert sind die Läden „IXORA Parfum & Cos-
metics" und „Pelara Parfum".

Natürlich gibt es für Sie auch einige Attraktionen, die außerhalb von Side liegen. Die wohl beliebteste Attraktion ist die „Delfininsel-

Bootstour". Sie werden den gesamten Tag auf dem Boot verbringen und dabei die atemberaubende Schönheit des Mittelmeers genießen können. Der Höhepunkt dieser Attraktion sind jedoch natürlich die Delfine, die beobachtet werden können. Während der gesamten Bootstour haben Sie zudem die Möglichkeit, zu schnorcheln, schwimmen zu gehen und sich in der Sonne zu bräunen. Auf der gesamten Fahrt ist natürlich für leckeres Mittagessen gesorgt sowie für tolle Getränke.

Wenn Sie gerne mehr über das, was Sie sehen, wissen möchten, können Sie sich selbstverständlich während der Bootstour mit dem Reiseleiter unterhalten. Auf dieser Bootstour ist auf jeden Fall für eine idyllische Atmosphäre gesorgt, die Sie noch lange in Erinnerung behalten werden. Für einen unvergesslichen Familienausflug ist die Piratenabenteuer-Bootstour zu empfehlen. Hier ist für viel Spaß und Spiel gesorgt, und zwar durch das Suchen eines echten Schatzes über die gesamte Bootstour. Auch hierbei ist für Mittagessen und ausreichend Getränke gesorgt. Wer noch immer nicht genug von Bootstouren hat, kann die nächste Reise mit dem Boot Richtung „Grand Canyon" antreten. Genießen Sie hier das atemberaubende smaragdgrüne Meer und die tollen Ufer, die zwischen dichten Bäumen liegen. Fühlen Sie das glasklare Wasser auf Ihrer Haut und gehen Sie eine Runde schwimmen, bevor Sie auch hier ein leckeres Mittagessen genießen können.

Wenn Sie etwas weiter fahren möchten, ist die Tour zu den Pamukkalen besonders empfehlenswert. Die Pamukkalen liegen im Südwesten der Türkei in der Provinz Denizli. Über weiße Sinterterrassen fließen die kalkhaltigen Thermalquellen. Dieses unglaubliche Naturwunder ist mehr als nur beeindruckend und sollte unbedingt selbst betrachtet und bestaunt werden. Neben den Pamukkalen liegt die antike Stadt Hierapolis. Nach dem Bestaunen der Pamukkalen können hier weitere Ruinen bestaunt werden, wie beispielsweise ein antikes Theater oder Nekropole mit Sarkophagen. Auf dieser Tour ist gegen Abend für Abendessen gesorgt.

Wenn Sie etwas Verrücktes wagen wollen, probieren Sie die Tagestour nach Istanbul aus! Sie werden in Side mit dem Bus abgeholt und zum Flughafen gefahren. Von dort aus fliegen Sie mit dem Flugzeug 1 Stunde nach Istanbul und verbringen dort den gesamten Tag mit einem Reiseleiter, der Ihnen die gesamte Stadt vorstellt und zeigt.

Hier können Sie sich durch verschiedenes Essen durchprobieren und tolle Paläste und Basare besuchen, bevor Sie gegen Abend wieder zurück nach Antalya fliegen und nach Side gebracht werden.

Wenn Sie weder mit dem Boot noch mit dem Flugzeug reisen möchten, ist die kleine Tour über die Manavgat-Wasserfälle sehr zu empfehlen. Mit dem Dolmus reisen Sie direkt nach Manavgat und kommen an den Wasserfällen an. Hier können Sie für nur 1 € Eintritt die Schönheit der Natur zwischen Wasserfällen, blauem, glitzerndem Wasser und hohen grünen Bäumen genießen. Der gesamte Ausblick lädt wirklich zum Träumen ein!

Tipp: Das Wahrzeichen des „Apollon-Tempel"
werden Sie auf einigen Souvenirs entdecken können. Vor allem ist das Wahrzeichen auf Postkarten
beliebt. Versuchen Sie, selbst ein Foto wie auf einer eigenen Postkarte zu gestalten, um ein tolles
Erinnerungsfoto zu erschaffen!

Die Stadt, die immer lebt

Eines ist auf jeden Fall sicher: In Side wird es nie langweilig! Sie sind durchgehend umgeben von schönen Dingen, die Ihr Herz aufblühen lassen, von leckerem Essen, viel Sonne und einem allgemein guten Klima bis hin zur tollen Gastfreundlichkeit. In Side werden Sie sich immer wohlfühlen, da die Bewohner sehr aufgeschlossen, hilfsbereit und vor allem freundlich sind. Die Bewohner und Besitzer der vielen

Geschäfte sprechen meist mehrere Sprachen, also keine Angst: Verständigen können Sie sich immer! Zudem ist die Stadt sicherer als kaum eine andere. Die Kriminalitätsrate ist so niedrig, dass es mehr als nur unwahrscheinlich ist, von einem Raubüberfall betroffen zu sein. Besonders ist auch die Familienfreundlichkeit der Stadt. Wenn Sie Kinder haben, werden diese immer eine tolle Beschäftigung in der Nähe finden.

Oftmals werden Sie wahrscheinlich auf dem Weg durch die Stadt angesprochen werden, um in ein Restaurant oder eine Bar gelockt zu werden. Dies passiert jedoch immer freundlich und einladend. Am Ende des Abends werden Sie aber wahrscheinlich einige Flyer von verschiedenen Restaurants, Bars und Läden in den Händen halten.

Wenn Sie an den Strand gehen, müssen Sie sich auch hier vor nichts fürchten. In Side gibt es am Strand keine giftigen Tiere oder sonstiges, wovor Sie Angst haben sollten. An jedem Strandabschnitt sind zudem Rettungsschwimmer, die immer ein Auge auf alle Schwimmer im Meer haben, damit Ihnen und Ihren Mitmenschen nichts passiert.

Die Stadt lebt zwischen der traditionellen Kultur und dem europäischen Tourismus. Wichtig ist also: Lassen Sie sich auf die Kultur ein! Gehen Sie beispielsweise in einem der türkischen Restaurants traditionell essen und genießen Sie all die türkischen Speisen, die Ihre Geschmäcker vor Genuss explodieren lassen.

Tipp: Versuchen Sie, oft in Lira zu bezahlen, dies ist günstiger. Ob im Restaurant, in der Bar oder auf dem Markt, alles in Lira zu bezahlen, ist auf Dauer billiger. Natürlich ist es in den Touristengebieten möglich, mit Euro zu bezahlen, jedoch ist dies teurer, als wenn Sie in Lira zahlen.

Erleben Sie Side von ganz neuen Seiten, indem Sie unvergessliche Ausflüge machen.

Tipp: In Side bietet es sich vor allem an, zu tauchen. Das Tauchen ist in Side vor allem deshalb besonders, weil es viele Möglichkeiten bietet, die

Sie in anderen Gewässern nicht haben. Bei einem 8-stündigen Taucherlebnis haben Sie die Möglichkeit, sich das Unterwassermuseum von Side genauer anzusehen und zu betrachten. Bestaunen Sie die sehenswerten Unterwasserlandschaften und lassen Sie sich durch faszinierende Farben und Aussichten sowie Tiere und Pflanzen verzaubern.

Für das Tauchen brauchen Sie keinerlei Erfahrung. Sie müssen nur gut schwimmen können, der Rest wird Ihnen in einem lehrreichen Training beigebracht, damit Sie sich bei Ihrem ersten Tauchgang sicher fühlen. Bei Ihrem Tauchgang haben Sie immer eine geschulte Begleitperson bei sich, die mit Ihnen in maximal 5 Meter Tiefe hinuntertaucht. Die Tauchzeit beträgt ungefähr 20-30 Minuten. Kinder unter 14 Jahren dürfen leider noch nicht tauchen, da dies nach türkischem Recht verboten ist. Der Preis für eine Tauchtour beträgt 30 € pro Person.

Haben Sie immer etwas Kleingeld dabei für eine Fahrt mit dem Dolmus, etwas zum Essen oder ein tolles Souvenir. Egal, wo Sie sind, der Dolmus fährt Sie immer zu Ihrem gewünschten Standort für nur 1 € und auch wieder zurück. Und ein tolles Souvenir finden Sie tatsächlich überall, und das für nur kleine Geldbeträge. Wenn Sie auf einem langen Spaziergang unterwegs sind, lohnt es sich auch hier, immer Kleingeld bei sich zu haben, um sich ein leckeres Eis am Strand zu gönnen, ein kühles Getränk in einem Laden zu kaufen oder um sich an besonders heißen Sommertagen perfekt zu erfrischen.

Tipp: Auf der Suche nach einem tollen Souvenir wird Ihnen eine Sache auffallen. Das sogenannte „Beschützerauge" ist auf vielen Souvenirs oder auf Ketten als Anhänger zu sehen. Das Auge ist dunkelblau, mit einer schwarzen Pupille in der Mitte und mit einem hellblauen Ring herum. Das Amulett selbst ist wie ein Wassertropfen geformt. Oftmals werden Sie das Auge auch als Anhänger im Dolmus erkennen oder auch an Bäumen, an welchen die Anhänger wie Weihnachtskugeln herunterhängen. In jedem Hotel oder türkischen

Haushalt und sogar auf Bauernhöfen werden Sie die Augen sehen können. Total verzaubernd!

Dieses Auge trägt den Namen „Nazar Amulett" und soll vor bösen Blicken schützen. Nazar kommt aus dem Arabischen und heißt übersetzt „Blick" oder „sehen". Die Bedeutung stammt aus dem alten Ägypten. Das Auge war damals das Symbol für das schützende Auge der Götter Osiris und Horus. Den bösen Blick gibt es sowohl im Islam als auch im Christentum. Sogar in Shakespeares Stücken kann etwas zum bösen Auge gefunden werden. Traditionell ist das Auge eigentlich aus Glas, bei Souvenirs ist es aber meistens aus Plastik.

Die Stadt Side ist so wunderschön, dass viele Touristen darüber nachdenken, in die Hafenstadt auszuwandern. Einige entscheiden sich nur für eine Ferienwohnung, andere wagen jedoch den Schritt und wandern tatsächlich aus. Falls Sie nach einem magischen, unvergesslichen und schönen Aufenthalt in Side auch darüber nachdenken sollten, gibt es einige Gründe, die für eine Auswanderung sprechen. Da Side eine Stadt ist, die von laufendem

Tourismus lebt, werden Sie hier wohl nie Probleme mit der Sprache kriegen.

Beinahe alle Verkäufer in der Stadt sprechen hervorragendes Deutsch. Falls Sie Angst vor dem heißen Klima haben, haben Sie auch hier keine Sorge, auch die Türkei kühlt mal ab. Zwischen den heißen Tagen, die bis zu 40 Grad heiß werden können, beginnen ab Oktober die Regentage. Im Winter kann es sogar so kalt werden, dass es schneit. Wenn Sie nach Ihrer Einwanderung einen guten Job suchen, werden Sie auch hierbei schnell fündig. Es gibt immer genug deutschsprachige Jobs, die in Side gesucht werden.

Natürlich brauchen Sie zum Wohnen eine schöne Immobilie, in der Sie sich wohlfühlen. Davon gibt es in Side und in der Umgebung jede Menge! Ein Standard-Apartment mit einem Zimmer kostet beispielsweise 200 € Miete im Monat. Die meisten Apartments werden sogar schon fertig eingerichtet vermietet oder verkauft. Allgemein leben Sie in der Türkei viel günstiger als in Deutschland. Die Verbraucherpreise sind in der Türkei bis zu 55 % niedriger als in Deutschland.

Vor allem für Rentner ist die Türkei ein super Ort, um zu leben, da man hier schon mit einer kleinen Rente sehr gut leben kann. In Side können Sie sich einfach eine Wohnung mieten oder kaufen und zu günstigen Preisen in lokalen Supermärkten einkaufen gehen. Durch das gute Klima und die tolle Natur werden Sie viele gesundheitliche Beschwerden nicht mehr ertragen müssen.

Einige Auswanderer berichten von gesundheitlichen Heilungen seit ihrer Auswanderung. Falls Sie das Auswander-Abenteuer tatsächlich wagen wollen, denken Sie unbedingt daran, ein Visum und eine gute Krankenversicherung zu beantragen.

Lassen Sie sich beraten und wagen Sie Ihr Abenteuer in die Schönheit von Side und die Verführung, immer dort zu leben.

Erholung & Genuss

B ei einem tollen Aufenthalt in der Stadt darf natürlich das passende Hotel nicht fehlen. Eines der schönsten Hotels in der Umgebung ist das „Barut Hemera" und im Allgemeinen ist die gesamte „Barut"-Reihe zu empfehlen. Die Hotels sind ausgezeichnet durch ihre tollen Grünanlagen, durch feinen Sandstrand und leckeres Essen. In diesen Hotels herrscht Luxus pur! Hier haben Sie eine tolle Poolanlage, die 7 Pools enthält, an welchen Sie sich mit Ausblick auf eine tolle Gartenanlage entspannen können. Das hochwertige Essen und die tägliche Live-Musik im Animationsprogramm bereiten Ihnen einen tollen und unterhaltsamen Urlaub an. Das Hotel hat eine der besten Lagen in Side, da es inmitten der wunderschönen Naturlandschaft liegt.

Hier sind Sie umgeben von ruhigem Vogelzwitschern in dem schönsten Naturgebiet in ganz Side. Lassen Sie sich von verschiedenen Vögeln, wie Spatzen, Amseln und Silbermöwen, verzaubern und genießen Sie die Landschaft. Empfehlenswert ist auch das „Can Garden Beach", welches bekannt ist für seine Familienfreundlichkeit und seine tollen Gartenanlagen, die Sie mit ihren verschiedenen Blumen und tollen Farben verzaubern werden. Hier ist vor allem für tolle Unterhaltung für Ihre Kinder gesorgt. Geschulte Animateure bringen Ihr Kind in den sogenannten „Mini-Club". Den ganzen Tag über werden Ihre Kinder mit verschiedenen Aktivitäten am Strand sowie auch im Hotel beschäftigt sein.

Es wird gemalt, Spiele werden gespielt und am Abend wird sogar gemeinsam bei einer Kinderdisco zu verschiedenen Kinderliedern getanzt. Und sogar beim Essen ist natürlich immer für klassische Pommes mit Nuggets gesorgt, damit Ihr Kind auch hierbei rundum Zufriedenheit genießen kann. Das „Defne Ana" ist ein weiteres Hotel, welches Ihnen durch leckeres Essen und tolle Unterhaltung einen unvergesslichen Aufenthalt ermöglichen wird. Genießen Sie die tollen Shows der Animateure und lassen Sie sich von Bauchtänzen, Feuershows oder Comedy-Abenden verzaubern. Dieses Hotel ist erst für Gäste ab 12. Jahren zugelassen. Wer also eher auf Ruhe steht, ist hier genau richtig!

Natürlich sind alle Hotels immer mit einem All-Inclusive-Programm ausgestattet. Also scheuen Sie sich nicht, beim Buffet richtig zuzuschlagen und sich durch die Getränkeliste durchzuprobieren. Die Getränkebar ist in jedem Hotel durchschnittlich bis nach Mitternacht geöffnet. Wer ein Ultra-All-Inclusive-Paket gebucht hat, kann nach

Mitternacht noch weiter verschiedene Getränke genießen. Wer nur All-Inclusive gebucht hat, muss ab dann für die Getränke bezahlen.

Wer trotz des vielen leckeren Essens in Form bleiben möchte, hat in den meisten Hotels ein großes Sportangebot. Beinahe jedes Hotel in Side besitzt ein eigenes Fitnessstudio, in welchem Sie auf das Laufband gehen können oder Gewichte heben können. Im Animationsprogramm sind oftmals auch Sportprogramme enthalten. Hierbei werden Sie in kleinen Gruppen beispielsweise am Strand joggen gehen oder Zumba-Kurse mitmachen können. Wer nicht gerne an Land bleibt, kann sich natürlich dem Wassersport anschließen. Sie können sich entscheiden zwischen Surfen, Wasserski oder einfachen Bauch-Beine-Po-Übungen im Wasser. Sind Sie eher der Ballsport-Typ?

Dann wird Ihnen auch hier nur das Beste geboten! Sie können entscheiden zwischen Golf, Tennis, Crossboccia, Fußball, Minigolf und Badminton. All diese Sportangebote können natürlich sowohl am Strand als auch im Hotel ausgeführt werden. Wenn Sie auf all die Dinge keine Lust haben, bleibt Ihnen noch das Radfahren, das Bogenschießen oder das Fahren mit dem Paddelboot übrig. Wer in keinem Hotel ist, muss sich keine Sorgen machen.

Auch außerhalb können Fahrräder geliehen oder Fitnessstudios besucht werden.

Tipp: Ein gutes Hotel muss in der Türkei vor allem eines: nicht teuer sein! Gute Hotels mit toller Anlage und guter Bewertung finden Sie oft zu günstigen Preisen. Hier müssen Sie in der Hochsaison mit 500-1800 € pro Person rechnen. Außerhalb der Saison bewegen sich die Preise zwischen 250-1000 € pro Person. Die Preise variieren natürlich je nach Hotel, Flug und der Jahreszeit, zu der Sie reisen möchten. Wenn Sie als Familie reisen, achten Sie auf Familienhotels, da Sie hier oft Ermäßigungen im Preis erwarten können. Dies gilt auch für Singles, Alleinerziehende mit Kind oder für Hotels für Pärchen.

Falls Sie nicht in einem Hotel übernachten oder in einer Pension sind, in welcher Sie kein All-

Inclusive-Buffet zur Verfügung haben, können Sie einfach außerhalb essen gehen, denn die Restaurants und Bars in der Altstadt in Side sind sehr zu empfehlen. Das „Q Beach Restaurant & Lounge" bietet Ihnen internationales Essen und frische Meeresfrüchte mit direktem Blick auf das Meer an. Die Location ist zudem für schöne Fotos super geeignet! In der Abenddämmerung zwischen hellen, bunten Lichtern und dem Meeresrauschen im Ohr schafft dieses Restaurant ein tolles Ambiente, welches unvergesslich bleibt.

Wenn Sie sich hier für ein Gericht mit frischen Meeresfrüchten entscheiden, haben Sie viele Möglichkeiten, ein leckeres, qualitatives und frisches Gericht zu erhalten. Am beliebtesten sind die knusprigen Calamari. Calamari ist frischer Tintenfisch, der in einem saftigen Teigmantel frittiert wird. Darauf folgt der berühmte Octopus-Salat. Hierbei wird der gesamte Tintenfisch genutzt und samt Paprika, Oliven, Zwiebeln und einem Dressing aus Öl und Zitronen in den Salat gegeben. Zuletzt folgen Garnelen mit Knoblauch und Butter. Als Beilage können Sie ein Stück frisches Brot

wählen, um die saftige Buttersauce damit aufzu-
frischen und zu genießen.

Das Gericht ist zwar einfach, aber dennoch eines der leckersten Fischgerichte, welche die Türkei zu bieten hat. Wenn Sie gerne Steaks essen,
sollten Sie im „Serenade Restaurant & Bar" vorbei-
schauen. Die Steaks sind immer frisch und super
lecker und saftig im Geschmack. Die Würze wird
Ihnen wie Butter auf der Zunge zergehen. Als Beilage werden Ihnen zu einem großen, saftigen
Steak meistens Pommes, Reis, Salat und optional
Soße angeboten. Pommes mit Steak – das geht einfach immer!

Zudem haben Sie hier die Auswahl zwischen
türkischer und mexikanischer Küche, aber vor allem guten und frischen Steaks, die sehr beliebt
sind. Haben Sie nur Lust auf einen leckeren Cocktail zur Erfrischung? Dann sind Sie im „Deja Vu"
genau richtig! Der Laden ist eine Mischung aus
Restaurant und Bar und bietet nicht nur leckere
Cocktails auf der Speisekarte an, sondern auch in-
ternationale, europäische, mediterrane und türkische Spezialitäten. Das wohl beliebteste türkische

alkoholische Getränk ist „Raki". Meist wird es zu gutem Essen getrunken oder einfach so bei einem guten Gespräch in lustiger Runde. Hier können Sie dann nicht nur ein tolles Getränk genießen, sondern auch das schöne Ambiente, denn auch hier werden Sie durch tolle Farben und Lichter in einen magischen Bann gezogen.

Probieren Sie sich auf jeden Fall durch einige traditionelle türkische Gerichte. Besonders empfehlenswert sind Klassiker wie Menemen, Pide und Köfte. Menemen sollten Sie auf jeden Fall zum Frühstück essen. Es ist ein türkisches Omelett, vermischt mit Tomaten, Peperoni und Paprika. Optional kann auch Käse in das Gericht gemischt werden. In das fertige Menemen können dann frische Brötchen oder anderes Gebäck getunkt werden. Meist wird zum Frühstück Gebäck wie Simit oder Acma gegessen. Simit ist ein Hefegebäck in runder Form mit einer Sesam-Schicht obendrauf. Der Geschmack ist eine Mischung zwischen süß, salzig und dem saftigen Sesam. Acma sind hingegen normale Brötchen, die meistens mit Käse gefüllt sind. Hierbei handelt es sich immer um

Schafs- oder Ziegenkäse. Die fertigen Brötchen sind überwiegend mit Kümmel bestreut. Der Geschmack der Kombination von Käse und Kümmel ist wirklich fantastisch!

Pide ist ein Fladenbrot aus Hefeteig, entweder dünn ausgerollt oder etwas dicker und besitzt immer eine leckere Füllung. Meistens wird Fleisch verwendet, aber es gibt auch vegetarische Varianten mit Schafskäse oder einer Kartoffelfüllung. Die Pide kommen direkt aus dem Backofen und werden noch warm und frisch serviert. Dieser Geschmack ist wirklich einmalig und total lecker!

Köfte sind türkische Hackfleischbällchen, die besonders durch ihren kräftigen würzigen Geschmack in Erinnerung bleiben. Die Köfte werden meist zusammen mit Salat gegessen oder mit frischem Bulgur. Bulgur ist ähnlich wie Reis und wird aus Hartweizengrieß hergestellt. Köfte finden Sie in jedem Restaurant in Side und es ist überall lecker und immer frisch zubereitet.

Zwischen all diesen deftigen und herzhaften Speisen darf natürlich die Süße nicht fehlen. Das wohl bekannteste süße Gericht der Türkei ist Baklava.

Das Gebäck besteht aus mehreren Schichten Blätterteig, welche in Zuckersirup eingelegt sind. Gefüllt sind die Baklava meistens mit Pistazien oder cremigem Honig. Obwohl Baklava sehr mächtig ist, ist es ein geniales Dessert, welches wirklich süchtig machen kann! Doch nicht nur die berühmten Baklava bleiben mit ihrem tief süßen Geschmack in guter Erinnerung. Das Dessert „Künefe" ist auch eines der beliebtesten Desserts der Türkei und wird so gut wie in jedem Restaurant auf der Karte angeboten. Künefe besteht aus Nudeln, Käse, Pistazien und Zuckersirup. Es klingt verrückt, ist aber total lecker!

Wenn Sie zurück nach Deutschland reisen, werden Sie in türkischen Läden Künefe oft als sogenanntes „Engelshaar" im Regal wiederfinden. Der Käse, der für dieses süße Gericht verwendet wird, ist selbstverständlich nicht salzig und herzhaft, wie wir ihn in Deutschland kennen. Es ist ein weißer Käse, der keinen Geschmack in sich trägt und hier in Deutschland kaum zu finden ist. Er ist jedoch vergleichbar mit Mozzarella. Im Gegensatz zu Baklava wird Künefe noch warm, also frisch aus dem Ofen, gegessen. Obendrauf kommt der kalte Zuckersirup. Dieses tolle und vor allem leckere Dessert lädt Sie ein auf eine spannende Geschmacksreise, die Sie in jedem Fall erleben müssen!

Seien Sie nicht scheu und bestellen Sie bei Ihrem nächsten Aufenthalt süße Künefe, um sich von dem einzigartigen Geschmack verführen zu lassen.

Sie merken, dass das türkische Essen sehr fleisch- und milchlastig ist. Für Vegetarier und Veganer bedeutet dies aber nicht, dass das ein wahr gewordener Albtraum sein muss. Denn auch die Türkei hat einige moderne Alternativen für Vegetarier und Veganer, was das Essen angeht. In den meisten Restaurants finden Sie sowieso immer die klassischen Pommes auf der Speisekarte, mit denen Sie nie etwas falsch machen können. Aber auch Tofu oder vegetarische und vegane Pizza oder besonderes gegrilltes Gemüse und andere spezielle Dinge werden heutzutage schon auf der Speisekarte angeboten. Vor allem aber Desserts werden Sie auf jeden Fall in veganer Form finden, beispielsweise das berühmte Dessert Baklava, welches super einfach vegan zubereitet werden kann und an sich auch schon vegetarisch ist.

Also keine Sorge, wenn Sie Vegetarier oder Veganer sind oder falls Sie Unverträglichkeiten haben, sind Sie hier nicht verloren. Sie werden immer etwas finden, was Ihrem Geschmack entspricht. In einigen Hotels finden Sie sogar eine Diät-Bar, in der Sie fettreduziertes Essen erhalten, falls Sie im Urlaub auf eine schlanke Linie achten wollen. Hier finden Sie größtenteils gedünstetes Gemüse oder feines Fleisch, wie beispielsweise gegrilltes Hähnchen.

Falls Sie Bedenken haben, was das Essen angeht, können Sie sich auf jeden Fall beruhigen, da das Essen in der Türkei qualitativ sehr hochwertig ist und das Fleisch von regionalen Bauern stammt. Alle Früchte und Gemüsesorten stammen auch aus der Region und sind immer frisch und vor allem sehr lecker. Bekannte Obstsorten, welche Sie überall in Side auf dem Markt oder im Hotel finden werden, sind Äpfel, Orangen, Erdbeeren, Kirschen, Wassermelone und Granatapfel. An

Gemüse ist auch alles vorhanden, was Ihr Herz begehrt, ob Gurken, Kopfsalat, Tomaten oder Karotten.

Eine Sache werden Sie in der Türkei aber als deutscher Urlauber wohl doch vermissen müssen: die Kuhmilch und alle Produkte, die aus Kuhmilch gemacht sind. Der Käse, die Milch oder der Joghurt sind meist alle aus Ziegenmilch gemacht, da Kühe in der Türkei nicht allzu populär sind wie beispielsweise hier in Deutschland. Das liegt daran, dass die Kühe aufgrund des Klimas dort nicht so gut leben können. Zudem waren Kühe an sich auch noch nie das beliebteste Tier in der Türkei, was Milch und Milchprodukte angeht. Dadurch wird der Käse auf jeden Fall ein bisschen anders schmecken als hier in Deutschland, ebenso der Joghurt. Die Milch macht keinen großen Unterschied. Wenn Sie aber tatsächlich sehr dringend Kuhmilch Benötigen, werden Sie diese mit Glück in einem regionalen Supermarkt finden, dies ist aber nicht oft der Fall. Was Kühe angeht, ist die Milch aber das Einzige, was Ihnen fehlen wird, denn Rindfleisch gibt es auf jeden Fall eine ganze

Menge. Die meisten türkischen Gerichte sind mit frischem Rindfleisch zubereitet.

Eine weitere Sache, die Ihnen auf dem Esstisch fehlen wird, ist das Schweinefleisch. In der Türkei wird kein Schweinefleisch gegessen, da dies im Islam nicht vorgesehen ist.

Im Islam heißt es nämlich, dass Schweine dreckige Tiere sind und Sie deshalb kein Schweinefleisch verzehren sollten. Aus diesem Grund werden Sie wohl vergeblich nach einem Stück Schweinefleisch suchen müssen. Jedoch gibt es auch hier Ausnahmen, beispielsweise gibt es Regionen, in die viele Deutsche ausgewandert sind, dort wird in einigen Fleischereien Schweinefleisch verkauft.

Anders als hier in Deutschland ist statt Schweinefleisch eher Lammfleisch beliebt. Dies wird meistens auf dem Grill zubereitet und mit Salat serviert. Auch die Wurst ist ein bisschen anders als hier in Deutschland. Eine der beliebtesten Würstchen, die es auch nach Deutschland geschafft haben, ist die Sucuk. Dies ist eine Wurst, die mit Knoblauch geräuchert ist und sehr intensiv in ihrem Geschmack ist. In der Türkei werden Sie reichlich davon finden, da diese Wurst dort sehr beliebt ist. Falls Sie kein Interesse haben, sich durch das gesamte türkische Essen zu probieren, haben Sie immer noch die Möglichkeit, auf europäisches Essen zurückzugreifen, da dies in jedem Hotel und in jedem Restaurant angeboten wird.

Falls Sie einfach nur Lust haben auf ein warmes Getränk, dann können Sie sich in eines der traditionellen türkischen Cafés setzen und einen Cay genießen. Die bekanntesten Teesorten der Türkei sind wohl der Schwarztee mit einem Stück Zucker und der Apfeltee. Der Schwarztee ist vor allem bekannt für seinen bittersüßen und starken Geschmack, zudem wird der Schwarztee ohne Milch getrunken.

Der Apfeltee schmeckt sehr süß und fruchtig, zudem auch sehr aromatisch. Diese Tees können Sie sich in jedem Café bestellen und auch in Ihrem Hotel zu Kaffee und Kuchen genießen. Falls Sie Lust haben, den Tee mit zu sich nach Hause zu nehmen, um ihn Freunden und Familie zu zeigen, damit sie ihn probieren, können Sie auf dem Markt einige Stände sehen, wo extra süßes Pulver für den

Tee verkauft wird, welches Sie mit nach Hause nehmen können.

Wenn Sie eher auf Kaffee stehen, ist der berühmte Mokka sehr empfehlenswert. Dieser wird mit Wasser und sehr feinem Kaffee aufgebrüht und ist äußerst stark und aromatisch in seinem Geschmack. Hier werden Sie in jedem Fall die Qualität des Kaffees besonders herausschmecken können. Den Mokka können Sie gesüßt oder auch einfach pur genießen. Er wird in Mokkatassen gefüllt und meist gemeinsam mit einem Glas Wasser serviert, um den Geschmack im Mund zu neutralisieren. Bei Kaffee und Kuchen können Sie nicht nur leckeres Gebäck wie Baklava, Künefe oder Kekse genießen, sondern meistens wird Ihnen auch Lokum serviert.

Lokum ist eine berühmte Süßspeise aus der Türkei, sie wird aus einem speziellen Zuckersirup hergestellt. Die Süßspeise ist weich und klebrig und wird oftmals in verschiedenen Farben angeboten. Der Geschmack ist sehr süß, aber trotz allem nicht zu süß. Die Süßspeise ist unter anderem auch unter turkish delight zu finden. Oft können

Sie diese in türkischen Läden erwerben oder auch am Flughafen auf der Rückreise. Manchmal wird Ihnen sogar Lokum bei Ihrer Anreise und Abreise im Hotelzimmer hingestellt. Aber nicht nur Süßspeisen werden bei Kaffee und Kuchen angeboten, sondern auch Eiscreme. Die Eiscreme in der Türkei ist ein bisschen anders, als wir sie in Europa kennen. Das Eis in der Türkei zieht sich nämlich wie lange Kaugummifäden und ist nicht so cremig, wie wir es kennen. Außerdem wird das Eis in einer lustigen Form verkauft.

So werden Sie in Side oft erleben, dass es Eisstände gibt, mit jungen Männern, die Ihnen Eis mit einer speziellen lustigen Show verkaufen. Dies ist natürlich immer besonders amüsant und am Ende bekommen Sie ein leckeres Eis, welches sich nicht cremig auf der Zunge zergehen lässt, sondern sich lang zieht wie Kaugummi. Das Eis ist unter anderem bekannt als Klebeeis. Zwar ist die Konsistenz anders, doch der Geschmack ist gleich, so, wie hier in Deutschland. Ein beliebter Geschmack in der Türkei ist das Pistazieneis.

Haben Sie nach einem tollen, aufregenden Tag noch Lust auf einen spaßigen Abend? Dann besuchen Sie doch einen der zahlreichen Tanz-Clubs in Side! Im „Karma Restaurant Night Club" können Sie zur tollen Musik Ihren Urlaub feiern und dabei leckere Cocktails auf der Tanzfläche genießen. Wer gerne House-Musik hört, ist im „Lighthouse Club Side" genau richtig. Hier können Sie tolle Partys feiern und in einer unvergesslichen Location das Tanzbein schwingen. Da Sie in der Türkei sind, wird mindestens einmal der Tanz „Halay" getanzt werden. Bei diesem Tanz kann wirklich jeder mitmachen! Es ist ein berühmter Tanz, der aus der Türkei stammt und oft auf türkischen Hochzeiten getanzt wird. Als Erstes geht der linke Fuß nach rechts vorne und daraufhin macht der andere Fuß entgegengesetzt das Gleiche. Der letzte Schritt ist die Überkreuzung des linken über den rechten Fuß. Halay wird in einem Halbkreis oder in einem ganzen Kreis getanzt. Die Personen, die ganz außen stehen und noch eine Hand freihaben, haben meist ein Tuch oder Ähnliches in der Hand, mit dem sie

umherschwingen. Diese Personen sind die Tanz-
lehrer, an denen Sie sich orientieren können, falls
Sie einmal aus dem Takt kommen sollten. Die Personen im Kreis halten sich während des Tanzes
die gesamte Zeit am kleinen Finger der Personen
rechts und links von ihnen fest. Dieser Tanz ist
voller Spaß und guter Laune, also machen Sie mit,
wenn Sie aufgefordert werden, Halay zu tanzen!

Haben Sie eher Lust auf etwas Ruhigeres?
Dann sind Sie im „Side House & Bar" genau richtig. Hier können Sie zwischen entspannter Musik
und leckeren Getränken eine Shisha genießen. Die
Shisha ist eine Wasserpfeife, die meist mit Tabak
und Fruchtaroma oder mit anderen Geschmacks-
richtungen geraucht wird. Wenn Sie an Tabak ge-
wohnt sind, sollte Shisha für Sie kein Problem
sein. Falls Sie eher weniger rauchen, sollten Sie
nach einer milderen Shisha fragen, da der Tabak
in der Türkei besonders stark ist.

Einmal Dolmus, immer Dolmus

Die meisten Touristen buchen ihren Urlaub pauschal neben den Städten, die inmitten von Side liegen . Im Reisebüro oder online kann die Reise in die Türkei mit Flug und Hotel gebucht werden. Die berühmtesten Veranstalter sind Tui, FTI und Öger Tours. In die Türkei kommen Sie auf direktem Flug nach Antalya. Wahrscheinlich werden Sie hier mit Sunexpress, Turkish Airlines, Pegasus Airlines oder

Corendon fliegen. Von dort aus sind es nämlich nur noch wenige Kilometer, um nach Side zu gelangen. Falls Sie einen Bus- oder Taxi-Transfer gebucht haben, was bei einer Pauschalreise meistens der Fall ist, dauert die Fahrt vom Flughafen bis nach Side ungefähr eine Stunde.

Viele Touristen entscheiden sich mehrheitlich, Ihren Urlaub in den Städten zu machen, die neben Side liegen. Viele bekannte Orte sind Kumköy, Colakli, Evrenseki und Titreyengöl. Von diesen Orten nach Side zu kommen, ist simpel. Falls es nicht zu heiß ist und Sie Lust auf einen langen, ausgiebigen Spaziergang haben, können Sie die Strecke nach Side über die Strandpromenade locker zu Fuß zurücklegen. Hierbei werden Sie wunderschöne Buchten betrachten und das Blau des Meeres begutachten können. Auf dem Weg werden Sie einige tolle Fotos schießen zu können. Zwischen Palmen, Bäumen, Schiffen und dem glitzernden Meer findet sich immer ein Platz zum Verzaubern. Außerdem werden Sie auf Ihren Wegen, die Sie zurücklegen, oft Tiere zu Gesicht bekommen.

Meistens sind es Katzen, die Ihnen entgegenlaufen oder auf großen Wiesen ein Nickerchen machen. Nicht nur Katzen sind hier zu sehen, sondern auch einige Hunde. Oft sind die Tiere scheu und nicht allzu zutraulich, trauen Sie sich aber dennoch, den Tieren etwas zu trinken oder zu essen anzubieten. Die Tiere reagieren immer mit viel Dankbarkeit.

Wenn Sie über die Strandpromenade laufen, werden Sie noch viel mehr Tieren begegnen als nur den flauschigen Vierbeinern, unter anderem werden Sie viele Eidechsen sehen und, wenn Sie Glück haben, auch Schildkröten am Strand oder im Meer. Wenn Sie sich die Schildkröten genauer ansehen möchten, können Sie auch eine Tour machen Je nachdem, zu welcher Saison bzw. Jahreszeit Sie nach Side reisen, werden Sie viele Bäume erkennen, an denen verschiedene Früchte wachsen, unter anderem gibt es am Strand viele Bananenbäume, die in den Sommermonaten noch nicht gereift sind, dort werden Sie dann nur kleine Bananen erkennen, die noch sehr grün, aber dennoch schön anzusehen sind. In einigen anderen

Regionen werden Sie Zitronenbäume sehen oder auch Granatapfelbäume.

Diese Bäume sind nicht nur schön anzusehen, sondern auch toll für Fotos geeignet oder auch einfach, um sich einmal die Pflanzen und die Herkunft verschiedener Früchte genauer anzusehen. Der Blick auf das Meer kriegt seine besondere Schönheit dadurch, dass hier Fruchtbäume und große wunderschöne Palmen aufeinander liegen und miteinander einen tollen Blick liefern, den Sie nicht so schnell aus dem Kopf bekommen werden. Je nachdem, in welcher Stadt Sie genau in Side Urlaub machen, werden Sie an manchen Strandabschnitten Steine vorfinden, dort müssen Sie meistens ein bisschen aufpassen, bevor Sie ins Meer hineingehen, aber meistens sind die Steine nicht allzu groß und sehr unbedenklich.

Hierbei ist vor allem schön, dass die Steine genau vor dem Wasser liegen und deshalb auch hier einen super schönen Foto-Hotspot bilden, der vor allem bei Sonnenuntergang wunderschöne Fotos für Ihr Familienalbum zaubert. Wer gerne mal eine raucht, der kann das am Strand gerne tun.

Sorgen Sie nur dafür, Ihre Zigarette umweltbewusst zu entsorgen, dafür finden Sie am Strand genug Mülleimer, die meistens auch an den Sonnenschirmen befestigt sind.

Tipp: Wichtig ist vor allem, dass Sie auf keinen Fall Wasser aus dem Wasserhahn trinken. Das Wasser hat leider nicht eine so gute Sauberkeit wie hier in Deutschland bzw. in Europa, weshalb Sie das Wasser aus dem Wasserhahn lieber nicht trinken sollten, sonst würde das zu Darmproblemen bis hin zu schweren gesundheitlichen Problemen führen. Aus diesem Grund wird empfohlen, immer Wasser aus frischen Wasserflaschen zu trinken und dieses auch zum Zähneputzen zu benutzen. Zum Duschen oder zum Waschen von Textilien oder anderen Dingen ist das Wasser aus dem Wasserhahn natürlich unbedenklich.

Wissenswert: Bei so vielen niedlichen Vierbeinern, die Ihnen in Side über den Weg laufen werden, stellt sich natürlich die Frage, aus welchem

Grund es so viele Katzen in der Türkei gibt. Die Katze hat in der Türkei eine besondere Rolle, durch den Islam. Der Prophet Mohammed hatte viele Katzen, weshalb die Katze in der Türkei als etwas sehr Heiliges und Besonderes angesehen wird. Hier werden Katzen wirklich sehr geliebt!

Zudem werden Sie auf dem Weg nach Side an einigen kleinen Läden vorbeikommen. Von Klamotten bis hin zu Luftmatratzen für eine tolle Entspannung im Meer ist alles dabei. Einfacher ist natürlich eine Fahrt mit dem Dolmus. Die kleinen Busse fahren alle 5 Minuten in der Nähe Ihres Hotels ab und bringen Sie auf direktem Weg nach Side. Auch hier werden Sie tolle Aussichten auf das Meer haben und einige schöne Hotels auf dem Weg betrachten können, die Sie vielleicht sogar dazu anregen, dort den nächsten Urlaub zu verbringen. Eine Fahrt mit dem Dolmus kostet 1 €.

Wer gerne länger in der Stadt bleibt, hat die Möglichkeit, bis Mitternacht den letzten Dolmus zum Hotel zurückzunehmen. Falls Sie Bedenken haben, wie Sie erkennen, welcher Dolmus wieder zurück zu Ihrem Hotel fährt: Jeder Dolmus ist beschriftet mit allen Hotels, die er anfährt. Also keine Sorge: Sich zu verfahren, ist sehr unwahrscheinlich! Ein Taxi zu nehmen, würde sich nur anbieten, wenn Sie nach Mitternacht noch in Ihr Hotel gebracht werden möchten, da kein Dolmus mehr fährt.

Sonst ist ein Taxi im Vergleich zum Dolmus zu teuer und lohnt sich demnach nicht. Eine Bahn oder andere Verkehrsmittel gibt es in der Stadt nicht.

Also: Einmal Dolmus, immer Dolmus!

Kleiner Preis, Großes erleben

Wie bei jeder Reise ist es wichtig, genug Geld einzuplanen. Wenn Sie in die Türkei reisen, genügt jedoch schon ein kleines Budget, um viel zu erleben und genug einzukaufen. Für einen Städtetrip nach Side sollte natürlich Geld für das Bummeln durch die Altstadt eingeplant werden. Hier müssen Sie ungefähr für ein gesamtes Outfit samt T-Shirt, Hose und ein paar Schuhen mit 50 € rechnen. Für einen großen Cocktail und ein ausgiebiges Essen mit Meeresfrüchten oder einem guten Steak oder für ein großzügiges türkisches Frühstück müssen Sie zwischen 6 € und 30 € einplanen. Wenn Sie in einen Tanzclub gehen oder in einer Bar eine Shisha rauchen möchten, müssen Sie zwischen 15 und 45 € einplanen. Ausflüge, wie beispielsweise Tauchgänge, kosten um die 45 € für Erwachsene, für Kinder sind die Preise meist günstiger. Um Geld einzusparen, können Sie natürlich bei Klamotten versuchen, zu handeln, um den bestmöglichen Preis für sich herauszuschlagen.

Aber nicht nur Ihr Geld ist wichtig im Gepäck. Denken Sie, während Sie Ihr Gepäck Zusammenpacken, an folgende Dinge: Auch wenn Sie genug Bargeld mitnehmen, haben Sie immer eine Bankkarte bei sich. Im Notfall können Sie in der Stadt bei einer großen Auswahl an Bankautomaten immer Geld abheben. Vergessen Sie niemals genug Sonnencreme, vor allem in den heißen Sommermonaten. Hier kann es ganz schnell miese Sonnenbrände geben! Wer mit ungewohnten Gewürzen und dem heißen Klima eher weniger klarkommt, sollte auch immer an eine ausgiebige Reiseapotheke denken, die alles beinhaltet, was Sie brauchen, um auch bei gesundheitlichen Beschwerden einen tollen Urlaub zu erleben. Wer nicht in den Sommermonaten reist, sondern zwischen den Monaten Oktober bis April, sollte immer passende Kleidung für einen Regentag einplanen und für die Nacht, da es dann sehr frisch werden kann. In den Sommermonaten Mai bis September herrscht Hitze pur, hier müssen Sie also keine Angst haben, dass es mal regnet oder frisch wird.

Tipp: Haben Sie immer eine Fotokamera bei sich! Überall erwarten Sie wunderschöne und unvergessliche Orte, die unbedingt auf Kamera festgehalten werden sollten. Und das Beste: All die tollen Fotospots sind kostenlos zu betreten, also lassen Sie Ihrer Kreativität freien Lauf! Orte, die Sie eher nicht fotografieren sollten, sind militärische Einrichtungen und Friedhöfe. Falls Sie jedoch dringenden Bedarf haben, etwas zu fotografieren, bei dem Sie unsicher sind, ob es rechtens ist, fragen Sie einfach sicherheitshalber nach!

Wichtig: Auch an den schönsten Tagen kann mal etwas passieren. Bei einem Ausflug oder doch aus allgemeinen gesundheitlichen Gründen könnten Sie in Side ins Krankenhaus eingeliefert werden. Hier heißt es erst einmal vorweg: Keine Panik! Denken Sie vor jeder Reise, die Sie antreten, immer daran, eine Reisekrankenversicherung abzuschließen, sodass Sie unnötige Kosten vermeiden können. Die beliebtesten Versicherungen sind jene von ADAC, Barmenia und ERGO, im Hotel werden Sie mit einem Arzt sprechen, bevor Sie im Ernstfall tatsächlich ins Krankenhaus gefahren werden. Wenn Sie versichert sind, werden Sie auf direktem Weg in die Privatklinik „Yasam KKH" gebracht. Vor Ort gibt es viele Dolmetscher, die mit Ihnen auf Deutsch alles Wichtige besprechen können. Das Personal ist freundlich und vermittelt das Gefühl von Sicherheit.

Wenn es sich um keinen Notfall handelt, sondern um einen geplanten Krankenhausaufenthalt, haben Sie auch hierbei einige Möglichkeiten. Im privaten Krankenhaus können Sie eine endoskopische Anwendung bei sich durchführen lassen, um ohne eine OP einfacher abnehmen zu können. Zudem werden auch Diabetes-Fälle und Fettleibigkeit behandelt. Bei solch einer Behandlung können Sie sich auf zuverlässigen Service und tolle Ergebnisse freuen.

REGELN IN DER TÜRKEI, VON DENEN SIE WISSEN SOLLTEN

Wenn Sie Ihr Geld von Euro in Lira umtauschen, behalten Sie in jedem Fall die Quittung. Denn wenn Sie am Ende Ihres Urlaubs noch Geld übrig haben, können Sie dieses nur mit einer Quittung zurück in Euro tauschen. Wenn Sie gerne draußen Alkohol trinken, sollten Sie das im Urlaub besser unterlassen.

Im Hotel und in Bars oder Diskotheken ist der Verzehr von Alkohol natürlich erlaubt. Auf offener Straße oder in Parks aber ist der Verzehr von Alkohol seit dem 9. September 2013 verboten.

Während der Fastenzeit, des sogenannten „Ramadan", wo tagsüber gefastet und erst am Sonnenuntergang wieder gegessen und getrunken werden darf, sind das Essen, Trinken und Rauchen tagsüber nicht gestattet. Wenn Sie mit Ihrem Partner in die Türkei reisen, sollten Sie auf Zärtlichkeiten in der Öffentlichkeit lieber verzichten.

Einige Gebiete, vor allem die, in denen der Tourismus stark ist, nehmen die Zärtlichkeiten nicht allzu streng. In ländlichen Gebieten sollten Sie die Zärtlichkeiten aber eher vermeiden, da es als anstößig gilt. Am Strand sollten Sie sich zudem nie total von Ihren Klamotten befreien und blank ziehen. Sich nackt zu sonnen oder mit jemandem intim am Strand zu werden, ist strengstens verboten und kann mit einer hohen Geldstrafe bis hin zu einem 2-tägigen Gefängnisaufenthalt bestraft werden. Also riskieren Sie hier lieber nichts und genießen Sie die Sonne in Badesachen! Wenn Sie auf Ihrer Reise ein tolles Souvenir entdecken, beispielsweise einen Stein oder eine alte Münze, kann das schon zu Problemen führen.

Die Türkei hat sehr strenge Gesetze, was die Kultur- und Naturgüter angeht, denn diese gelten als staatliches Eigentum. Sowohl bei der türkischen Polizei als auch hier in Deutschland bei der Einreise kann es bei einer Zollkontrolle zu Problemen kommen. Also kaufen Sie ein Souvenir nur in einem der vielen Läden, die es in Side zum Bummeln gibt, anstatt selber nach etwas zu suchen. Wenn Sie Ihr Geld in Lira getauscht haben, werden Sie Geldscheine mit dem Aufdruck des Staatsgründers Kemal Atatürk erhalten. Es ist strengstens untersagt, diese Geldscheine zu beschmieren oder etwas auf sie draufzuschreiben.

TIPPS NACH DER REISE

Möchten Sie nach einem unvergesslichen Urlaub die Türkei am liebsten mit nach Hause nehmen?

In Deutschland gibt es viele türkische Läden, in denen Sie viele Speisen, die Sie in der Türkei gegessen haben, wiederfinden, unter anderem Gebäck, welches nicht süß ist, sondern eher salzig. Dieses Gebäck ist meistens mit viel Olivenöl gebacken und hat daher seinen trockenen, aber dennoch saftigen Geschmack , welcher auf jeden Fall in Erinnerung bleibt, da die Kekse nicht süß, sondern eher salzig im Abgang sind. Aber auch Kekse, wie beispielsweise große Schokoladenkekse mit unterschiedlichen Füllungen, sind sehr beliebt in der Türkei und diese werden Sie auch in allen türkischen Läden auf jeden Fall wiederfinden. Wenn Sie hier in Deutschland Lust auf frische Baklava oder Künefe haben, werden Sie dies auch entweder verpackt oder frisch in türkischen Bäckereien wiederfinden. Der klassische Döner bzw. Kebab ist hier in Deutschland genauso populär wie in der Türkei, deshalb werden Sie diesen hier wohl auch nicht vermissen müssen.

Herstellung und Verlag:

BoD – Books on Demand, Norderstedt

ISBN: 9783756850587

1. Auflage

Kontakt: Psiana eCom UG/ Berumer Str. 44/ 26844 Jemgum

Covergestaltung: Fenna Larsson

Coverfoto: depositphotos.com